Ich widme dieses Buch meinem Onkel Ferdinand,
einem Kenner der österreichischen Geschichte
und Liebhaber unserer unverwechselbaren Küche.

1950–2011

Daniela Friedl: Text und Bilder

Christina Fink: Layout, Gestaltung, Satz, Bilder

Mag. Diana Naderer: Lektorat

Druck- und Satzfehler vorbehalten.

Herstellung und Verlag: BoD – Books on Demand

ISBN: 9783848226719

Bibliografische Informationen der Deutschen Nationalbibliothek:
Die Deutsche Nationalbibliothek verzeichnet diese Publikation
in der Deutschen Nationalbibliografie; detaillierte bibliografische
Daten sind im Internet über www.dnb.de abrufbar.

So schmeckt`s wie früher –
traditionelle Gerichte vegan zubereitet

Inhaltsverzeichnis

„Kein Genuss ist vorübergehend, denn der Eindruck, den er hinterlässt, ist bleibend." (Johann Wolfgang von Goethe)

Kulinarische Erinnerungen ...

... aufgewachsen im Salzburger Seengebiet sind diese geprägt von der unverwechselbaren österreichischen Hausmannskost. Gerne erinnere ich mich an die Gerichte meiner Kindheit – wärmende Suppen und deftige Mahlzeiten, gefolgt von feinen Mehlspeisen.

Besonders oft half ich meiner Oma in der Küche, vernaschte mehr Teig als dem Kuchen guttat und war großteils damit beschäftigt, die klebrige Masse von meinen kleinen Fingern abzubekommen. Ich genoss die Wärme des Ofens und die vertrauten Gerüche. Nichts duftete in meiner kleinen Welt so gut wie Omas frischer Apfelkuchen.

Auch heute noch verbinde ich gewisse Speisen mit Heimat, Familie und Zugehörigkeit. Als ich beschloss, vegan zu leben, befürchtete ich, diese liebgewonnenen Wegbegleiter für immer verloren zu haben.

Doch Veganismus hat nichts mit Verzicht oder Verlust zu tun. Mit ein bisschen Mut, Kreativität und Vorstellungskraft ist man bestens gewappnet für das Abenteuer „Vegane Hausmannskost".

In diesem Buch finden Sie eine Auswahl meiner persönlichen Lieblingsgerichte aus Kindertagen – neu entdeckt, vegan und tierleidfrei.

Ich wünsche gutes Gelingen, viel Spaß beim Zubereiten und guten Appetit!

Daniela

Die österreichische Küche

Österreich wird weltweit mit seiner traditionell bodenständigen Küche und den besonders feinen Mehlspeisen in Verbindung gebracht.

Wien war als österreichische Hauptstadt die kulinarische Schatzkammer des habsburgischen Herrschaftsgebietes. Dieses erstreckte sich jenseits Österreichs Grenzen über Gebiete der heutigen Staaten Ungarn, Tschechien (Böhmen und Mähren), Slowakei, Polen, Italien, Slowenien, Kroatien, Serbien, Rumänien und Ukraine.

Die multikulturelle Vielvölkerküche ist eine wahre Bereicherung für den Gaumen. Die unverwechselbaren Einflüsse der k. u. k. Kochtradition machen das kulinarische Erbe der Alpenrepublik zu einem vielfältigen und abwechslungsreichen Schatz, in dem jedes der einst zugehörigen Länder seine ganz eigenen Spuren hinterlassen hat.

Klassiker wie Palatschinken (abgeleitet vom tschechischen „palačinka") oder Gulasch (stammt vom ungarischen „gulyás") sind zeitlos und begeistern jede Generation aufs Neue.

Auch wenn die österreichische Küche oft mit der Wiener Küche gleichgesetzt wird, so hat jedes der neun Bundesländer seine eigenen traditionellen und von den regionalen Produkten geprägten Gerichte.

Noch heute ist die Liebe zum Essen, die besondere Atmosphäre und die österreichische Gemütlichkeit in den Wirtshäusern, Heurigen und Kaffehäusern allgegenwärtig.

Hilfreiche Infos zu den Rezepten

Alternativen

Die Begriffe „pflanzliche Milch" und „pflanzliche Cuisine" wurden in den Rezepten bewusst offen gehalten. Sie können Soja-, Hafer-, Dinkel- oder Reismilch bzw. Soja-, Dinkel- oder Hafercuisine verwenden. Lediglich Mandel- und Haselnussmilch werden aufgrund der natürlichen Süße nur für Süßspeisen empfohlen. Anstatt pflanzlicher Butter eignet sich auch vegane Margarine.

Worauf Sie beim Einkauf achten sollten – vegane Fallen

Tierleid ist in vielen Lebensmitteln versteckt.
Hier eine kleine Aufstellung, welche Zutaten tierischer Herkunft sich in den verwendeten Produkten verstecken können.

· Toastbrot: Butterreinfett, Milchpulver

· Gemüsebrühe: Milchpulver, Milchsäure, Rinderfett, Molke

· Margarine: Mono- und Diglyceride tierischen Ursprungs, Molkepulver

· Weißwein und Essig: Weißwein wird ebenso wie Essig oft durch Fischblasen, Gelatine oder Eiklar geklärt.

· Knödelbrot / Semmelbrösel: Milchpulver, Schweinefett, Butterreinfett, Ei, Honig

· Sauerkraut: Milchsäure

· Marmelade: Gelatine

· Nudeln: Ei

Die Mengenangaben:

EL = Esslöffel
TL = Teelöffel
ml = Milliliter
kg = Kilogramm
g = Gramm

Aufs Brot gschmiert ...

Erdäpfelkäse

1. Die Erdäpfel kochen, abschrecken, schälen und noch warm stampfen.

2. Die geschälte Zwiebel sowie den Schnittlauch fein hacken und zusammen mit der Butter und der Cuisine unterheben.

3. Mit Salz und Pfeffer gut abschmecken und etwas durchziehen lassen.

Zutaten:

300 g Erdäpfel
1 Zwiebel
1 Bund Schnittlauch
20 g pflanzliche Butter
(zimmerwarm)
100 ml pflanzliche Cuisine
Pfeffer
Salz

Tipp:

Am besten zu
frischem Brot
servieren.

Streichwurst

1. Die Zwiebel schälen, fein hacken und mit dem Majoran in etwas Öl glasig braten.

2. Den Tofu würfeln und zusammen mit den Zwiebelstücken sowie den Bohnen im Mixer pürieren.

3. Währenddessen etwas Öl sowie den Senf beimengen, bis eine cremige Masse entsteht.

4. Zum Schluss mit Salz und Pfeffer abschmecken.

Zutaten:

1 Zwiebel
2 EL Majoran
200 g Räuchertofu
400 g Kidneybohnen
Öl
2 TL milder Senf
Salz
Pfeffer

Tipp: In ausgekochten Marmelade-gläsern abgefüllt, eignet sich die Streichwurst sehr gut als Geschenk oder Mitbringsel!

Apfel-Zwiebel-Schmalz

1. Einen EL Kokosfett leicht erhitzen.

2. Die Zwiebeln schälen, fein würfeln und im Kokosfett braun und knusprig braten.

3. Den entkernten Apfel ebenfalls in feine Stücke schneiden, hinzufügen und mitgaren.

4. Anschließend das restliche Kokosfett sowie das Öl beigeben und mit dem Suppenwürfel sowie dem Majoran würzen.

5. Noch warm in Gläser abfüllen, auskühlen lassen und im Kühlschrank aufbewahren.

Zutaten:

200 g Kokosfett
2 große Zwiebeln
1 großer Apfel
50 ml Sonnenblumenöl
1 Suppenwürfel (Gemüse-
brühe)
1 EL Majoran

Tipp: Vor dem Verzehr bei Zimmertemperatur weich werden lassen und am besten auf frisches Brot streichen.

In Suppntopf
gschaut ...

Brotsuppe

1. Die Zwiebel sowie die Knoblauchzehe schälen und klein hacken.

2. Danach das Brot in ca. einen Zentimeter große Würfel schneiden.

3. Die Butter in einer Pfanne erhitzen und die Brotwürfel gemeinsam mit der Zwiebel und dem Knoblauch anbraten.

4. Die Gemüsebrühe separat erhitzen und anschließend dazugeben.

5. Kurz ziehen lassen, mit Salz und Pfeffer abschmecken und mit fein gehacktem Schnittlauch anrichten.

Zutaten:

1 kleine Zwiebel
1 Knoblauchzehe
125 g altbackenes Schwarzbrot
2 EL pflanzliche Butter
250 ml Gemüsebrühe
Salz
Pfeffer
1/2 Bund Schnittlauch

Zwiebelsuppe

1. Die Zwiebeln schälen und in feine Ringe schneiden.

2. Die Zwiebelringe in der Butter anschwitzen,
   bis sie glasig sind.

3. Mit dem Weißwein ablöschen und kurz aufkochen lassen.

4. Anschließend mit der Gemüsebrühe aufgießen und
   ca. zehn Minuten lang köcheln lassen.

5. Die Suppe pürieren und mit Salz, Pfeffer und
   geriebener Muskatnuss abschmecken.

Zutaten:

2 große Zwiebeln
50 g pflanzliche Butter
120 ml trockener
Weißwein
250 ml Gemüsebrühe
Salz
Pfeffer
Muskatnuss

Frittatensuppe

1. Das Mehl mit der Milch zu einem glatten Teig verrühren.

2. Die Petersilie hinzugeben und den Teig mit Salz,
   Pfeffer und geriebener Muskatnuss abschmecken.

3. Etwas Butter in einer Pfanne erhitzen.

4. Mit einem Schöpflöffel jeweils so viel von der
   Masse in die Pfanne geben und gleichmäßig verteilen,
   dass der Boden bedeckt ist.

5. Nacheinander die Palatschinken auf beiden Seiten
   goldbraun backen.

6. Sobald sie etwas ausgekühlt sind, jeweils zwei bis drei Stück
   übereinanderlegen, einrollen und in feine Streifen schneiden.

7. Die Gemüsebrühe erhitzen, die Frittaten dazugeben,
   um sie zu erwärmen, und im Anschluss mit Schnittlauch
   garniert heiß servieren.

Zutaten:

150 g Mehl
250 ml pflanzliche Milch
2 EL gehackte Petersilie
Salz
Pfeffer
Muskatnuss
Pflanzliche Butter
1 l Gemüsebrühe
1 EL gehackter Schnittlauch

Krensuppe

1. Die Zwiebel schälen, fein hacken und in der erhitzten Butter glasig anbraten.

2. Mit etwas Mehl stauben, mit Gemüsebrühe aufgießen und den Kren hinzugeben.

3. Die Suppe ca. zehn Minuten lang köcheln lassen.

4. Anschließend pürieren und mit der Cuisine verfeinern.

5. Zuletzt mit Salz und Pfeffer abschmecken und mit gehackten Kräutern garnieren.

Zutaten:

1 kleine Zwiebel
25 g pflanzliche Butter
Mehl
500 ml Gemüsebrühe
5 EL geriebener Kren
125 ml pflanzliche Cuisine
Salz
Pfeffer
Kräuter

Tipp: Schwarzbrotwürfel in etwas pflanzlicher Butter anrösten und als Suppeneinlage reichen.

Kürbiscremesuppe

1. Die Zwiebel schälen, fein würfeln und in Butter anschwitzen.

2. Den Kürbis vom Strunk sowie vom Kerngehäuse befreien, in kleine Stücke schneiden und ebenfalls hinzugeben.

3. Mit der Gemüsebrühe aufgießen und so lange kochen, bis der Kürbis weich ist.

4. Danach die Cuisine hinzugeben und im Mixer oder mit dem Pürierstab fein pürieren.

5. Die Suppe mit Salz, Pfeffer und geriebener Muskatnuss abschmecken.

6. Zuletzt mit einem Schuss Kürbiskernöl sowie einigen Kürbiskernen garnieren.

Zutaten:

1 Zwiebel
Pflanzliche Butter
1 mittelgroßer Hokkaido-
Kürbis
500 ml Gemüsebrühe
100 ml pflanzliche Cuisine
Salz
Pfeffer
Muskatnuss
Kürbiskernöl
Kürbiskerne

Tipp: Der Hokkaido muss aufgrund seiner dünnen Schale nicht geschält werden – auch prak-tisch, wenn's mal schneller gehen muss.

Knoblauchsuppe

1. Den geschälten Knoblauch fein hacken und kurz in etwas zerlassener Butter anrösten.

2. Anschließend mit dem Weißwein ablöschen und mit Wasser aufgießen.

3. Aufkochen und ca. acht Minuten lang köcheln lassen, anschließend mit Salz und Pfeffer würzen.

4. Die Petersilie fein hacken und zusammen mit einem Schuss Cuisine beimengen.

5. Die Suppe gut pürieren und heiß servieren.

Zutaten:

10 Knoblauchzehen
Pflanzliche Butter
150 ml Weißwein
250 ml Wasser
Salz
Pfeffer
1 Bund Petersilie
Pflanzliche Cuisine

Tipp: Geröstete Toastbrotwürfel eignen sich hervorragend als Einlage.

Erdäpfelsuppe

1. Die rohen Erdäpfel schälen und würfeln.

2. Die Zwiebel fein hacken und in etwas zerlassener Butter zusammen mit den Erdäpfeln leicht anschwitzen.

3. Mit dem Mehl stauben, kurz rösten und mit Wasser aufgießen.

4. Den Knoblauch fein hacken und zusammen mit dem Lorbeerblatt, etwas Majoran und geriebener Muskatnuss beimengen.

5. So lange kochen, bis die Erdäpfel schön weich sind.

6. Die Suppe mit Salz und Pfeffer abschmecken, das Lorbeerblatt entfernen und mit fein gehackter Petersilie servieren.

Zutaten:

250 g mehlige Erdäpfel
1 kleine Zwiebel
Pflanzliche Butter
3 EL Mehl
750 ml Wasser
1 Knoblauchzehe
1 Lorbeerblatt
Majoran
Muskatnuss
Salz
Pfeffer
Petersilie

Tipp: Wer es etwas cremiger mag, kann die Suppe auch pürieren und mit einem Schuss pflanzlicher Cuisine verfeinern. Röstzwiebel und Schnittlauchröllchen sind ebenfalls eine tolle Garnitur.

Do homma
     den Salat ...

Radisalat

1. Den Radi schälen und reiben.

2. Anschließend gut ausdrücken (am besten durch ein Geschirrtuch) und mit Salz bestreuen.

3. Den Zucker und die Cuisine hinzugeben und mit Essig abschmecken.

Zutaten:

200 g Radi
Salz
1 EL Zucker
100 ml pflanzliche Cuisine
Essig

Warmer Krautsalat

1. Die äußeren Blätter des Krautkopfs entfernen, danach vierteln und mit dem Krauthobel oder einem scharfen Messer in feine Streifen schneiden.

2. Anschließend das Kraut fünf bis zehn Minuten lang dünsten.

3. Die Zwiebel schälen, hacken und in etwas Butter glasig anschwitzen.

4. Das gedünstete Kraut hinzugeben und mit einem Schuss Essig ablöschen.

5. Den Staubzucker sowie den Kümmel beimengen, den Salat mit Salz und Pfeffer abschmecken und warm servieren.

Zutaten:

1 Krautkopf
1 Zwiebel
Pflanzliche Butter
1 Schuss Essig
2 EL Staubzucker
1 EL Kümmel
Salz
Pfeffer

Erdäpfelsalat

1. Die Erdäpfel kochen, schälen und noch warm in Scheiben schneiden.

2. Die Zwiebel schälen und fein hacken.

3. Anschließend die Gemüsebrühe in einem kleinen Topf erwärmen, über die Erdäpfel gießen und die gehackte Zwiebel hinzugeben.

4. Danach mit Essig, Salz, Pfeffer, Zucker und Öl abschmecken.

5. Gut durchziehen lassen und mit etwas gehacktem Schnittlauch garniert servieren.

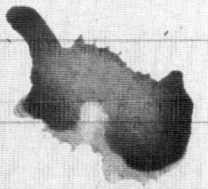

Zutaten:

500 g Erdäpfel
1 große Zwiebel
500 ml Gemüsebrühe
3 EL Essig
Salz
Pfeffer
Zucker
Öl
Schnittlauch

Deftige
Schmankerl ...

Eierspeise

1. Den geputzten Lauch in feine Scheiben schneiden, die entkernte Paprika sowie die geschälte Zwiebel fein würfeln.

2. Den Tofu mit den Händen zerbröckeln und zusammen mit den Zwiebelwürfeln in etwas Öl anbraten.

3. Den Lauch, die Paprika sowie den Kurkuma (für die gelbe Farbe) hinzugeben.

4. Mit Salz und Pfeffer abschmecken.

Tipp: Das Gericht lässt sich beliebig abändern, schmeckt auch toll mit pflanzlichen Würsteln oder Pfefferoni und wird stilecht direkt **aus der** Pfanne gegessen.

Zutaten:

1/4 Lauch
1 rote Paprika
1 Zwiebel
200 g Räuchertofu
Öl
1/2 TL Kurkuma
Salz
Pfeffer

Kasnocken

Tipp: Je würziger der Käse, desto schmackhafter die Kasnocken!

1. Einen großen Topf mit gesalzenem Wasser zum Kochen bringen.

2. Das Mehl in einer großen Schüssel mit dem Kichererbsenmehl, einer Prise geriebener Muskatnuss und dem Salz vermischen. Nach und nach die Gemüsebrühe einrühren, sodass keine Klumpen entstehen.

3. Die Masse durch ein Nockensieb oder mittels Spätzlehobel in das kochende Wasser geben.

4. So lange kochen, bis die Nocken an der Oberfläche schwimmen.

5. Anschließend mit einer Schaumkelle abschöpfen und abtropfen lassen.

6. Etwas Butter in einer Pfanne erhitzen, die Nocken sowie den geriebenen Käse dazugeben und knusprig bräunen.

7. Die Zwiebel schälen, in Ringe schneiden und in einer zweiten Pfanne in Öl goldbraun rösten.

8. Zuletzt die Kasnocken mit den Röstzwiebeln und fein gehacktem Schnittlauch garnieren und heiß in der Pfanne servieren.

Zutaten:

500 g griffiges Mehl
3 EL Kichererbsenmehl
Muskatnuss
3 TL Salz
350 ml Gemüsebrühe
Pflanzliche Butter
350 g geriebener pflanzlicher Käse
1 kleine Zwiebel
Öl
Schnittlauch

Krautstrudel

Zutaten:

250 g Mehl
125 ml warmes Wasser
Öl
Salz
1 kleiner Krautkopf
1 große rote Zwiebel
3 Karotten
1 rote Paprika
Pfeffer
Kümmel
Paprikapulver

1. Das Mehl mit dem Wasser, zwei EL Öl und einer Prise Salz vermengen und gut durchkneten.

2. Den Teig zu einer Kugel formen, mit etwas Öl bestreichen, in Frischhaltefolie wickeln und mindestens 30 Minuten rasten lassen.

3. Den Krautkopf putzen, in feine Streifen schneiden und in etwas Salzwasser dünsten.

4. Anschließend durch ein Tuch pressen, damit das Kraut den Saft verliert.

5. Die Zwiebel schälen, würfeln und mit den zuvor geriebenen Karotten in etwas Öl anbraten.

6. Das Kraut sowie die entkernte, gewürfelte Paprika hinzugeben und mit Salz und den Gewürzen abschmecken.

7. Vor den weiteren Arbeitsschritten das Backrohr auf 180 Grad vorheizen.

8. Den Teig nochmals durchkneten, auf einem großen, mit Mehl bestäubten Tuch zu einem Rechteck ausrollen und mit dem bemehlten Handrücken vorsichtig dünn ausziehen.

9. Die Füllung in die Mitte des Strudelteiges geben und der Länge nach gleichmäßig verteilen.

10. Danach die Seiten einschlagen und den Teig aufrollen.

11. Den Strudel mithilfe des Tuches mit der Naht nach unten auf ein mit Backpapier belegtes Backblech geben.

12. Mit Wasser bepinseln und ca. 20 Minuten lang goldgelb backen.

Der spanische Teig

Das Wort „Strudel", welches sich vom althochdeutschen „stredan" (wallen) ableitet, findet sich bereits 1629 in handgeschriebenen Kochbüchern und ging als Lehnwort sogar in die englische Sprache ein, jedoch betrifft dies nur die süße Variante.

Vermutlich stammt der hauchdünn ausgezogene Teig ursprünglich aus dem Orient. Unter maurischer Herrschaft soll er über Nordafrika nach Frankreich und Spanien gelangt sein, weshalb er in historischen Büchern noch als „Spanischer Teig" bezeichnet wird. Die türkische Eroberung Europas sorgte für die weitere Verbreitung des Teiges, welcher sich aufgrund der Haltbarkeit gut als Marschverpflegung eignete. So hielt die Mehlspeise bald Einzug in die Habsburgermonarchie und kam über die Balkanländer sowie Ungarn auch nach Österreich. Das ungarische Weizenmehl eignete sich aufgrund des hohen Klebeanteils übrigens besonders gut zur Herstellung, so bezogen die besten Köche noch lange ihr Mehl aus Ungarn.

Vor der Erfindung des Backofens wurde der Strudel über offenem Feuer in einer gusseisernen Pfanne mit Deckel zubereitet.

Salonfähig wurde er angeblich vor allem durch Kaiserin Maria Theresia (1717-1780). Ab dem 18. Jahrhundert findet man außerdem bereits eine Vielzahl an süßen und pikanten Variationen. Der Wiener Apfelstrudel verlieh sogar einer Apfelsorte ihren Namen: Der „Strudler" bietet sich aufgrund des säuerlichen Geschmacks beson-ders für die beliebte Mehlspeise an.

Einem alten Sprichwort zufolge machen verliebte Köchinnen den besten Apfelstrudel. Der Teig könne von ihnen so dünn ausgerollt werden, dass sie selbst ihre Liebesbriefe durch ihn hindurch lesen können.

Gefüllte Paprika

1. Den Reis mit der doppelten Menge Wasser kochen, bis er die gesamte Flüssigkeit aufgenommen hat.

2. Inzwischen den oberen Teil (Deckel) der Paprika horizontal abschneiden und beiseite legen.

3. Die entkernten Paprikaschoten ca. fünf Minuten in kochendem Wasser garen.

4. Die Gemüsebrühe erhitzen, das Sojagranulat damit übergießen und ca. zehn Minuten lang ziehen lassen.

5. Danach eine Zwiebel hacken, zusammen mit dem Granulat in etwas Öl gut anbraten und mit Salz, Pfeffer, Majoran sowie gehackter Petersilie abschmecken.

6. Den Reis mit der Masse vermischen und die Paprika damit füllen.

Zutaten:

100 g Reis
4 Paprika
500 ml Gemüsebrühe
200 g Sojagranulat
2 kleine Zwiebeln
Öl
Salz
Pfeffer
Majoran
Petersilie
500 g passierte Tomaten
1 EL Zucker
Essig

7. Den abgeschnittenen Deckel wieder drauflegen und in einer feuerfesten Form im Rohr bei 180 Grad ca. 15 Minuten lang garen.

8. In der Zwischenzeit die zweite Zwiebel hacken und in etwas Öl anschwitzen.

9. Den Zucker hinzugeben, karamellisieren lassen und mit einem Schuss Essig ablöschen.

10. Die passierten Tomaten hinzugeben und die Soße mit Salz und Pfeffer abschmecken.

11. Die Paprika aus dem Rohr nehmen und mit der Tomatensoße anrichten.

Krautfleckerl

1. Die Fleckerl in reichlich Salzwasser bissfest kochen.

2. Inzwischen das Kraut putzen, den Strunk entfernen und grob würfeln.

3. Die Butter zerlassen, den Zucker hinzugeben und die fein gewürfelte Zwiebel zusammen mit dem Kraut karamellisieren. (Der Zucker darf nicht zu dunkel werden, da er sonst bitter schmeckt.)

4. Mit der Gemüsebrühe aufgießen und mit Salz, Pfeffer und Kümmel gut würzen. Anschließend etwas durchziehen lassen.

5. Die gekochten Fleckerl untermengen und heiß servieren.

Zutaten:

500 g Fleckerl (Nudeln)
500 g Weißkraut
100 g pflanzliche Butter
2 EL Zucker
1 Zwiebel
100 ml Gemüsebrühe
Salz
Pfeffer
Kümmel

Polentaschnitten

1. Die Butter in einem Topf zerlassen und anschließend die Milch sowie die Gemüsebrühe hinzugeben und erwärmen.

2. Je eine Prise Paprikapulver, Chilipulver sowie geriebene Muskatnuss beimengen.

3. Den Maisgrieß einrühren und anschließend 20 Minuten lang mit geschlossenem Deckel ziehen lassen.

4. Danach ein Backblech mit etwas Öl bestreichen, die Masse fingerdick darauf verstreichen und auskühlen lassen.

5. Zum Schluss in Streifen schneiden, im geriebenen Käse wenden und in Öl herausbacken.

Zutaten:

50 g pflanzliche Butter
150 ml pflanzliche Milch
150 ml Gemüsebrühe
Paprikapulver
Chilipulver
Muskatnuss
200 g Maisgrieß
Öl
100 g geriebener
pflanzlicher Käse

Erdäpfelgulasch

1. Die Zwiebeln von der Schale befreien, fein hacken und in einem großen Topf in etwas Öl anrösten.

2. Inzwischen die Erdäpfel schälen und ebenso wie die entkernten Paprika in mittelgroße Stücke schneiden.

3. Danach das Gemüse zu den Zwiebeln geben und anbraten.

4. Die Knoblauchzehen schälen, pressen und ebenfalls hinzugeben.

5. Das Gemüse im Topf etwas beiseiteschieben, das Tomaten- mark leicht anbraten und mit der Gemüsebrühe ablöschen.

6. So lange köcheln lassen, bis die Erdäpfel gar sind und das Gulasch eine sämige Konsistenz erreicht hat.

7. Mit den Gewürzen abschmecken und heiß servieren.

Zutaten:

3 Zwiebeln
Öl
1 kg Erdäpfel
2 rote Paprika
2 Knoblauchzehen
2 EL Tomatenmark
500 ml Gemüsebrühe
3 EL Paprikapulver
1 TL Majoran
1/2 TL gemahlener Kümmel
Salz
Pfeffer

Tipp: Räuchertofu oder würzige pflanzliche Würstel verleihen dem Gulasch noch mehr Pepp!

Vom Hirteneintopf zum vielseitigen Klassiker

Das Erdäpfelgulasch ist eine abgewandelte Version des original ungarischen „gulyás", einem Fleischeintopf, welcher bereits im Mittelalter als traditionelles Hirtengericht in der Puszta über offenem Feuer gekocht wurde.

1780 sahen die Ungarn durch die Reformen des österreichischen Kaisers und ungarischen Königs Josef II. ihre Identität bedroht und pflegten neben der Sprache, den Brauchtümern und Festen auch bewusst ihre nationalen Speisen. So kam das „gulyás" selbst außerhalb der bäuerlichen Schicht in Mode.

Ob es österreichische Soldaten in Ungarn kennenlernten oder ob es durch die damals in Wien stationierte 39. ungarische Infanterie in die österreichische Landeshauptstadt gelangte, ist ungewiss.

Die 1813 erfundene „Gulaschkanone" diente während des ersten Weltkrieges als rollende Feldküche. Das beliebte Gericht zählt auch heute noch zur Standardversorgung in Österreichs Bundesheer.

Mehrmals aufgewärmt intensiviert sich der Geschmack des Gerichtes, daher auch der Ausspruch „Aufg'wärmt is nur a Gulasch guat!".

Übrigens war die fleischlose Variante, das Wiener Erdäpfelgulasch, nach dem Börsenkrach im Jahre 1873 ein beliebtes Gericht für arme Leute.

Die Geschichte des „gulyás" ist eng mit der der Paprika verbunden. Das Gewürz, welches im 16. Jahrhundert bereits im osmanischen Reich und auf dem Balkan verbreitet war, kam durch die türkische Besatzung nach Ungarn. Paprika wurde während der türkischen Herrschaft (1526-1686) dort angepflanzt und kam so zu dem Namen „türkischer Pfeffer". Der Anbau war der ungarischen Landbevölkerung untersagt, dennoch wurde die Pflanze - teils unter Lebensgefahr - von den Einheimischen kultiviert.

Rasch bemerkte man, dass sich das aus der Paprika hergestellte Pulver gut zum Würzen eignete und so entstanden durch Veredelung verschiedene Sorten (mild, scharf, edelsüß).

Der Einzug der Paprika in die österreichische Küche sollte jedoch noch lange dauern: Erst im 19. Jahrhundert wurde das Gewürz in einem Kochbuch erwähnt.

Bauernkrapfen mit Sauerkraut

1. Die Butter zerlassen und mit der Milch erwärmen (nicht kochen).

2. Die Flüssigkeit mit dem Mehl, dem Germ sowie einer Prise Salz vermengen und zu einem glatten Teig verkneten.

3. Diesen in einer geschlossenen Schüssel in ein warmes Wasserbad stellen.

4. Wenn der Deckel aufgesprungen ist, den Teig nochmals kneten und – dieses Mal ohne Deckel – erneut rasten lassen.

5. Sobald er aufgegangen ist, kann er weiterverarbeitet werden. Dazu den Teig auf ein bemehltes Nudelbrett geben und ca. faustgroße Kugeln formen.

6. Diese mit einem Geschirrtuch bedecken und nochmals ca. fünf bis zehn Minuten rasten lassen.

7. Das Sauerkraut in einem Topf erwärmen.

8. Reichlich Öl in einer tiefen Pfanne erhitzen.

9. Die Teigstücke flachdrücken, von innen heraus ausziehen, sodass ein dickerer Rand entsteht, und im heißen Öl auf beiden Seiten goldbraun backen.

10. Die Krapfen vorsichtig herausheben, abtropfen lassen und mit Sauerkraut servieren.

Zutaten:

25 g pflanzliche Butter
250 ml pflanzliche Milch
300 g Mehl
1 Packung Trockengerm
Salz
1 Packung Sauerkraut
Öl

Tipp: Anstelle des Sauerkrauts schmeckt auch Erdäpfelkäse (Rezept auf Seite 12) bestreut mit frisch geriebenem Kren ausgezeichnet zu den Krapfen!

Karfiol mit Butter und Semmelbröseln

1. Den Karfiol waschen und in kleine Röschen zerteilen.

2. Diese ca. fünf Minuten lang dämpfen oder leicht andünsten (sie sollten nicht zu weich, sondern noch bissfest sein).

3. Anschließend in zerlassener Butter und Semmelbröseln schwenken.

4. Mit Salz abschmecken und warm servieren.

Zutaten:

1 Karfiol
Pflanzliche Butter
3 EL Semmelbrösel
Salz

Erdäpfelknödel mit Rotkraut

1. Die Erdäpfel kochen, abschrecken, schälen und stampfen.

2. Grieß und Stärkemehl zur Masse geben, salzen und gut vermengen.

3. Mit feuchten, sauberen Händen aus dem Teig Knödel formen, in die Mitte jeweils ein Kügelchen Rotkraut setzen und wieder mit Teig verschließen.

4. Die Knödel in siedendes Wasser legen und bei schwacher Hitze ca. zehn Minuten lang ziehen lassen, bis sie an der Oberfläche schwimmen.

5. Vorsichtig herausheben und heiß servieren.

Zutaten:

1 kg mehlige Erdäpfel
100 g Grieß
100 g Stärkemehl
Salz
1 Packung Rotkraut

Tipp: Die Knödel eignen sich als Hauptgericht sowie als Beilage.

Kaspressknödel

1. Die Milch erwärmen, das in Würfel geschnittene Toastbrot damit übergießen und ca. zehn Minuten lang rasten lassen.

2. Die Hälfte der Butter in einer Pfanne erhitzen, die geschälte Zwiebel fein würfeln und darin glasig anbraten.

3. Anschließen die Zwiebel zusammen mit der zerlassenen Butter zum eingeweichten Brot geben.

4. Den Teig mit dem gewürfelten Käse und der Petersilie verkneten und mit Salz, Pfeffer sowie einer Prise geriebener Muskatnuss würzen.

5. Die übrige Butter in einer Pfanne erhitzen.

6. Mit angefeuchteten Händen acht bis zehn Knödel formen, flachdrücken und in der heißen Butter ca. zehn Minuten lang auf beiden Seiten goldbraun backen.

Zutaten:

300 ml pflanzliche Milch
250 g Toastbrot
70 g pflanzliche Butter
1 Zwiebel
150 g fein gewürfelter
pflanzlicher Käse
5 EL fein gehackte
Petersilie
Salz
Pfeffer
Muskatnuss

Tipp: Kaspressknödel eignen sich als Hauptspeise (z.B. mit Sauerkraut) wie auch als Suppeneinlage.

Essigknödel

1. Die Milch erwärmen und das Knödelbrot damit übergießen.
2. Eine Zwiebel schälen, fein hacken und zusammen mit der Petersilie zur Knödelmasse geben.
3. Anschließend mit Salz, Pfeffer und etwas geriebener Muskatnuss würzen, gut verrühren und kurz rasten lassen.
4. Mit befeuchteten Händen sechs bis acht gleich große, feste Knödel formen.
5. Die Knödel in siedendes Wasser legen und bei schwacher Hitze 15 bis 20 Minuten lang ziehen lassen.
6. Danach vorsichtig herausheben und abtropfen lassen.
7. Die Knödel vierteln, in dünne Scheiben schneiden und mit Salz, Pfeffer, Essig und Öl nach Belieben marinieren.
8. Abschließend die zweite Zwiebel in feine Scheiben schneiden und damit den Essigknödel garnieren.

Zutaten:

125 ml pflanzliche Milch
500 g Knödelbrot
2 kleine Zwiebeln
2 EL gehackte Petersilie
Salz
Pfeffer
Muskatnuss
Essig
Öl

Tipp: Für eine festere Konsistenz einfach etwas Mehl in den Knödelteig mischen.

Montag ist Knödeltag

Die österreichische Küche ist bekannt für ihre Knödel und kennt eine Vielzahl an süßen und pikanten Variationen.

Der Begriff „Knödel" leitet sich etymologisch wahrscheinlich im weitesten Sinn vom lateinischen „nodus" ab, was „Knoten" bedeutet; auch eine Verbindung zum Tschechischen („knedlík") und zum Italienischen („canederli") ist denkbar.

Der heutige Wissensstand reicht nicht aus, um die Entstehung des Knödels ausreichend nachvollziehen zu können, er dürfte jedoch zwischen Brot und Brei einzustufen sein und diente dem Haltbarmachen von Speiseresten. So vor dem Verderb geschützt eignete sich der Knödel auch zum Transport bei Jagden oder Wanderungen.

Archäologische Funde aus der Schweiz belegen die Existenz von mit den Händen geformten und anschließend gekochten Getreideklumpen bereits um 3600 v. Chr. Schriftlich erwähnt wurde der Knödel erstmals im Jahre 1000 n. Chr.

Im alpenländischen Aberglauben spielten Knödel eine wesentliche Rolle. Beispielsweise durften gekochte Knödel nicht gezählt werden, da dies Unglück bringe.

Der Brauch, mit Knödeln die Zukunft zu deuten, wird mancherorts am Silvesterabend auch heute noch gepflegt. So werden in diese vor dem Kochen kleine Zettel gesteckt, auf denen zuvor Wünsche, Hoffnungen und Träume niedergeschrieben wurden. Der Knödel, welcher als erster im kochenden Wasser aufsteigt, enthält dem Aberglauben zufolge jene Prophezeiung, die sich im kommenden Jahr erfüllen wird.

In der bäuerlichen Küche gab es außerdem eigene „Knödeltage", welche sich von Bundesland zu Bundesland unterschieden. Der Montag gilt in manchen Regionen Österreichs auch heute noch als Knödeltag.

Semmelknödel mit Eierschwammerlsoße

1. Die Eierschwammerl putzen und gemeinsam mit einer gewürfelten Zwiebel sowie dem gehackten Knoblauch in etwas Öl scharf anbraten.

2. Anschließend mit der Gemüsebrühe ablöschen und auf kleiner Flamme einreduzieren lassen.

3. Wenn die Eierschwammerlsoße eine sämige Konsistenz angenommen hat, die Cuisine dazugeben und mit Salz sowie Pfeffer abschmecken.

4. In der Zwischenzeit die Milch erwärmen und das Knödelbrot damit übergießen.

5. Die zweite Zwiebel ebenfalls hacken und zusammen mit der Petersilie zur Knödelmasse geben.

6. Anschließend mit Salz, Pfeffer und geriebener Muskatnuss abschmecken, gut verrühren und kurz rasten lassen.

Zutaten:

700 g Eierschwammerl
2 kleine Zwiebeln
1 Knoblauch
Öl
100 ml Gemüsebrühe
100 ml pflanzliche Cuisine
Salz
Pfeffer
125 ml pflanzliche Milch
500 g Knödelbrot
2 EL gehackte Petersilie
Muskatnuss

7. Mit befeuchteten Händen sechs gleich große, feste Knödel formen.

8. Die Knödel in siedendes Wasser legen und bei schwacher Hitze 15 bis 20 Minuten lang ziehen lassen.

9. Anschließend vorsichtig herausheben und abtropfen lassen.

10. Die Knödel gemeinsam mit der Soße und etwas Petersilie garniert servieren.

Wos füa
de Siaßn ...

Süßes Apfelbrot

1. Die Butter zerlassen, die Milch erwärmen (nicht kochen) und beides mit dem Mehl, dem Zucker und dem Germ zu einem geschmeidigen Teig verkneten.

2. Diesen an einem warmen Ort ca. 30 Minuten lang rasten lassen.

3. In der Zwischenzeit die Äpfel schälen, vierteln, entkernen, feinblättrig schneiden und mit dem Zimt sowie etwas Agavendicksaft mischen.

4. Vor den weiteren Arbeitsschritten das Backrohr auf 180 Grad vorheizen.

5. Den Teig nochmals durchkneten und mit einem Nudelholz fingerdick ausrollen.

6. Danach auf ein mit Backpapier belegtes Backblech geben und mit der Apfelmasse bedecken.

7. Abschließend mit den Mandelblättchen bestreuen und ca. 30 Minuten lang backen.

Zutaten:

50 g pflanzliche Butter
220 ml pflanzliche Milch
500 g Mehl
80 g Zucker
1 Packung Trockengerm
5 große Äpfel
1 TL Zimt
Agavendicksaft
75 g Mandelblättchen

Heidelbeertatscherl

1. Das Mehl, den Zucker sowie die Milch zu einem glatten Teig verrühren.
2. Vorsichtig die Heidelbeeren unterheben.
3. Die Butter in einer beschichteten Pfanne erhitzen.
4. Mehrere kleine Portionen des Teiges in der Pfanne verteilen, sodass dünne „Tatscherl" entstehen.
5. Diese auf beiden Seiten goldgelb braten und mit Staubzucker bestreuen.

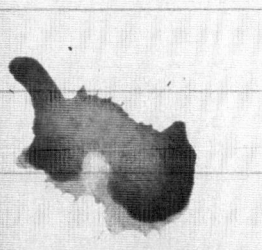

Zutaten:

125 g Mehl
25 g Zucker
125 ml pflanzliche Milch
50 g Heidelbeeren
Pflanzliche Butter
Staubzucker

Süße Bauernkrapfen

1. Die Butter zerlassen und mit der Milch erwärmen (nicht kochen).

2. Die Flüssigkeit mit dem Mehl, dem Germ sowie einer Prise Salz vermengen und zu einem glatten Teig verkneten.

3. Diesen in einer geschlossenen Schüssel in ein warmes Wasserbad stellen.

4. Wenn der Deckel aufgesprungen ist, den Teig nochmals kneten und – dieses Mal ohne Deckel – erneut rasten lassen.

5. Sobald er aufgegangen ist, kann er weiterverarbeitet werden. Dazu den Teig auf ein bemehltes Nudelbrett geben und ca. faustgroße Kugeln formen.

6. Diese mit einem Geschirrtuch bedecken und nochmals ca. fünf bis zehn Minuten rasten lassen.

7. Reichlich Öl in einer tiefen Pfanne erhitzen.

8. Die Teigstücke flachdrücken, von innen heraus ausziehen, sodass ein dickerer Rand entsteht, und im heißen Öl auf beiden Seiten goldbraun backen.

9. Die Krapfen vorsichtig herausheben, abtropfen lassen und mit Staubzucker bestreut sowie mit einem Klecks Marmelade servieren.

Zutaten:

25 g pflanzliche Butter
250 ml pflanzliche Milch
300 g Mehl
1 Packung Trockengerm
Salz
Öl
Staubzucker
Marmelade

Vom Missgeschick zur runden Leckerei

Viele Mythen ranken sich um die Geschichte des Krapfens.

Einer Legende nach wurde das Gebäck 1690 von der Bäckerin Cäcilie „Cilli" Krapf erfunden, als sie wütend ein Stück Germteig nach ihrem unnützen Lehrbuben warf und dieses in einem Topf mit heißem Fett landete. So entstand aus einem Missgeschick eine kleine, runde Köstlichkeit.

Von welchem Volk und zu welcher Zeit der Krapfen tatsächlich erstmals gebacken wurde, ist ungewiss.

Bereits im alten Ägypten wurde in Fett schwimmendes Gebäck, dessen Form an ein Fruchtbarkeitssymbol erinnert, zubereitet. Bei Ausgrabungen wurden kleine krapfenähnliche Kuchen gefunden und auch eine Darstellung aus der Zeit von Pharao Ramses III. zeigt die Zubereitung des Gebäckes.

Der heutige Krapfen geht jedoch vermutlich auf die Römer zurück, welche ein kugeliges Fettgebäck namens „globuli" kannten. Römische Kolonisten dürften dieses über die Alpen in das heutige Wien gebracht haben, wo es im neunten Jahrhundert unter dem mittelhochdeutschen Namen „krapfo" erwähnt wurde.

Die damals reichlich vorhandene Butter stand in keiner Relation zu den geringen Mehlvorräten, das Braten in Fett war über offenem Feuer möglich und zudem eine rasche Zubereitungsart – all dies waren Gründe, wieso sich der Krapfen in der Alpenregion großer Beliebtheit erfreute.

Krapfen waren nicht an eine bestimmte Form gebunden und konnten rund, länglich oder auch gekrümmt sein. Die Vielfalt verschwand erst durch die Kochordnung der Stadt Wien im Jahre 1486, welche den Krapfenbäckerinnen (Krapfen wurden von diesem Berufsstand bereits im Mittelalter gewerblich in Schmalzbäckereien hergestellt) vorschrieb, wie sie ihre Arbeit zu verrichten hatten.

Im 19. Jahrhundert galten Krapfen aufgrund der teuren Zutaten (Honig, Rohrzucker für das Zuckerhäubchen) als teure Luxusspeise und beliebtes Präsent.

Gebackene Hollerblüten

1. Die Blüten vorsichtig unter fließendem Wasser waschen und mit Küchenpapier abtrocknen.

2. Aus dem Mehl, dem Agavendicksaft, der Milch und dem Salz einen glatten Teig anrühren.

3. Reichlich Öl in einer Pfanne erhitzen.

4. Die Blüten durch den Teig ziehen und im Öl goldbraun backen.

5. Vorsichtig herausnehmen, mit Küchenpapier abtupfen, Staubzucker drüberstreuen und heiß servieren.

Zutaten:

10 Hollerblüten
150 g Mehl
5 EL Agavendicksaft
100 ml pflanzliche Milch
1 Prise Salz
Öl
Staubzucker

Mohnstrudel

1. Für die Füllung die Hälfte der Milch erwärmen (nicht kochen), den Mohn, 30 g Zucker, den Rum sowie die geriebene Orangenschale hinzugeben und anschließend kaltstellen.

2. Die Butter mit dem übrigen Zucker und dem Vanillezucker schaumig rühren.

3. Anschließend abwechselnd das Mehl und die restliche Milch unterrühren.

4. Den Germ hinzugeben, gut verkneten und den Teig eine Stunde lang rasten lassen.

5. Vor den weiteren Arbeitsschritten das Backrohr auf 180 Grad vorheizen.

6. Den Teig auf einer bemehlten Arbeitsfläche zu einem Rechteck ausrollen.

7. Anschließend mit der Füllung bestreichen, die Seiten einschlagen und den Teig einrollen.

Zutaten:

250 ml pflanzliche Milch
125 g Mohn
50 g Zucker
4 EL Rum
1 EL geriebene Orangen-
schale
60 g pflanzliche Butter
1 EL Vanillezucker
250 g Mehl
1 Packung Trockengerm

8. Mit der offenen Seite nach unten auf ein mit Backpapier belegtes Backblech legen, mit etwas Wasser bestreichen und ca. 40 Minuten lang backen.

Tipp: Wer es noch saftiger mag, kann die Füllung mit zwei EL Sojajoghurt verfeinern.

Kaiserschmarrn

1. Das Mehl, das Backpulver und den Zucker mit
   der Milch sowie dem Mineralwasser zu einem dickflüssigen,
   glatten Teig verrühren.

2. Etwas Butter in einer großen Pfanne kurz aufschäumen
   lassen, den Teig eingießen, anbacken lassen und mit
   Rosinen bestreuen.

3. Von Zeit zu Zeit wenden und so auf beiden Seiten
   goldgelb backen.

4. Zum Schluss den Teig mit zwei Gabeln in unregelmäßige
   Stücke zerreißen und mit Staubzucker bestreut genießen.

Tipp: Für die pikante Variante den Zucker sowie die Rosinen weglassen und den Schmarrn mit Sauerkraut oder in der Erdäpfelsuppe (Rezept auf Seite 25) servieren.

Zutaten:

500 g Mehl
1 Packung Backpulver
30 g Zucker
150 ml pflanzliche Milch
150 ml Mineralwasser
Pflanzliche Butter
30 g Rosinen
Staubzucker

So ein Schmarrn!

Das Wort „Schmarrn" ist bereits seit dem 16. Jahrhundert bekannt und bedeutete damals „Schmalz"/„Fett".
Seit jeher war der Schmarrn ein beliebtes, weil einfaches ländlich-bäuerliches Gericht. Erstmals schriftlich erwähnt wurde es 1563 in einer Hochzeitspredigt.

Im 18. Jahrhundert wurde der Schmarrn verfeinert und somit auch in der städtisch-bürgerlichen Schicht ins Rezeptrepertoire aufgenommen.

Die Geschichte des Kaiserschmarrns ist eng mit der des österreichischen Kaiserhauses verbunden; mehrere Legenden ranken sich um seine Entstehung:

Man erzählt sich, dass das Gericht 1854 eigentlich für Kaiserin Elisabeth gedacht war. Diese fand jedoch – stets bedacht auf ihre Figur – wenig Gefallen an der kalorienreichen Speise, ganz im Gegensatz zu ihrem Gatten Kaiser Franz Josef I. ... so wurde aus dem "Kaiserinschmarrn" ein "Kaiserschmarrn".

Eine andere Geschichte besagt, dass es sich um einen missglückten Palatschinkenteig handelte, der zum einen zu dick und zum anderen zerrissen war. Der Kaiser ließ die Nachspeise mit den Worten „So ein Schmarrn ist des Kaisers nicht würdig!" zurückgehen.

Heute ist das Gericht eines der berühmtesten Österreichs. Sowohl süße als auch pikante Variationen sind ein fixer Bestandteil der traditionellen Küche.

Milchreis

1. Die Milch gemeinsam mit der Butter erhitzen.
2. Den Reis hinzugeben und bei schwacher Hitze ca. 20 Minuten lang garen.
3. Anschließend mit Vanillezucker, Zucker und Zimt abschmecken und warm servieren.

Zutaten:

1 l pflanzliche Milch
1 EL pflanzliche Butter
250 g Milchreis
1 Packung Vanillezucker
3 EL Zucker
2 EL Zimt

Eispalatschinken

1. Das Mehl, das Backpulver und den Zucker mit der Milch sowie dem Mineralwasser zu einem dickflüssigen, glatten Teig verrühren.

2. Etwas Butter in einer großen Pfanne erhitzen, etwa ein Viertel des Teiges in die Pfanne geben und diese schwenken, damit sich die Masse gleichmäßig verteilt.

3. Sobald der Teig in der Pfanne gestockt ist, die Palatschinke wenden und auf beiden Seiten goldgelb backen.

4. Die Schritte zwei und drei so lange wiederholen, bis der Teig aufgebraucht ist.

5. Palatschinken auf einen Teller geben, eine Kugel Eis darauf platzieren, einrollen und mit Staubzucker sowie Schlagobers servieren.

Zutaten:

150 g Mehl
1 Packung Backpulver
30 g Zucker
125 ml pflanzliche Milch
50 ml Mineralwasser
Pflanzliche Butter
100 g Sojaeis
Sojaschlagobers
Staubzucker

Tipp: Zum Garnieren eignen sich auch Schokoladensoße und geriebene Nüsse.

Eine Flade geht um die Welt

Die „Palatschinke" ist eine kulinarische Perle der
k. u. k. Küche, welche von den Tellern Österreichs
nicht mehr wegzudenken ist.

Die Spurensuche nach ihrer geschichtlichen Herkunft
verläuft sich im römischen Reich, wo sie als „placenta"
bekannt war. Der lateinische Begriff bedeutet „Kuchen",
welcher im alten Rom anstelle von Brot verzehrt wurde.
Im slawischen Raum zum Beispiel als „palačinka"
(tschechisch), „palacinky" (slowakisch) oder
„palačinke" (kroatisch) bekannt, verbreitete sie sich
schließlich bis nach Österreich, wo sie ab dem
19. Jahrhundert unter dem heutigen Namen „Palatschinke"
auf den Tellern landete.

Aufgrund der einfachen Basiszutaten waren Palatschinken
für jedermann erschwinglich. Über ihre Exklusivität
entschied einzig und allein die Füllung.

Ob süß oder pikant – der Kreativität sind keine Grenzen
gesetzt. So kennt man zahlreiche Versionen – von der
Nussfüllung mit Schokoladencreme über Apfel-Zimt-Mischun-
gen bis hin zu deftigen Varianten mit Speck, Kräutern und
Käse oder Hackfleisch mit Paprika und Sauerrahm.

Ähnliche Formen finden sich übrigens weltweit wieder,
beispielsweise die russischen Bliny, die französischen
Crêpes oder die amerikanischen Pancakes.

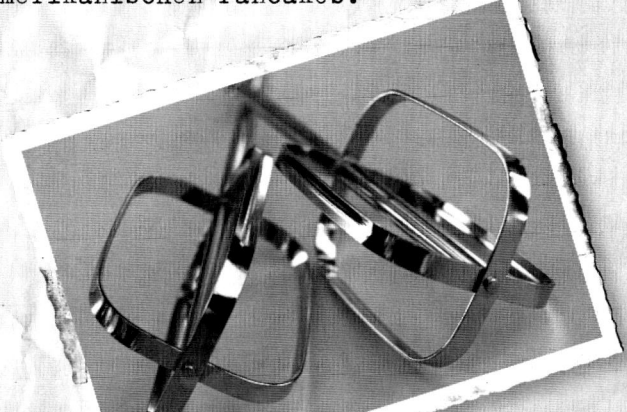

Marmorgugelhupf

Zutaten:

200 g pflanzliche Butter
200 g Zucker
1 Packung Vanillezucker
400 g Mehl
125 ml pflanzliche Milch
1/2 Zitrone
1 Packung Backpulver
Semmelbrösel
50 g Kakaopulver
Staubzucker

Tipp: Der
dunklen Masse
kann auch
etwas Rum
beigemengt
werden.

1. Das Backrohr auf 180 Grad vorheizen.

2. Die Butter mit dem Zucker und dem Vanillezucker schaumig rühren.

3. Anschließend abwechselnd das Mehl und die Milch unterrühren.

4. Den Abrieb und den Saft der halben Zitrone sowie das Backpulver hinzugeben, gut vermengen und den Teig in zwei Hälften teilen.

5. Die Gugelhupfform einfetten und mit Semmelbröseln ausstreuen.

6. Die eine Hälfte des Teiges in die Form geben.

7. Die zweite Hälfte mit dem Kakaopulver verrühren und auf den hellen Teig gießen.

8. Danach vorsichtig marmorieren, indem man die Teige mit einer Gabel mehrmals von oben nach unten spiralförmig vermengt.

9. Den Kuchen ins Backrohr geben und ca. eine Stunde lang backen.

10. Wenn er fertig ist (Nadelprobe), in Stücke schneiden und mit Staubzucker bestreuen.

Eierlikörgugelhupf

Zutaten:

200 g pflanzliche Butter
70 g Zucker
Vanillezucker
400 g Mehl
125 ml pflanzliche Milch
125 ml pflanzlicher
Vanillepudding
2 cl Wodka
1/2 Zitrone
1 Packung Backpulver
Semmelbrösel
Staubzucker

1. Das Backrohr auf 180 Grad vorheizen.

2. Die Butter mit dem Zucker und dem Vanillezucker schaumig rühren.

3. Anschließend abwechselnd das Mehl und die Milch unterrühren.

4. Den Vanillepudding mit dem Wodka vermischen und ebenso wie den Abrieb und den Saft der halben Zitrone sowie das Backpulver zum Teig geben.

5. Alle Zutaten gut verrühren, bis eine glatte Masse entsteht.

6. Die Gugelhupfform einfetten und mit Semmelbröseln ausstreuen.

7. Den Teig in die Form füllen und ca. eine Stunde lang backen.

8. Wenn er fertig ist (Nadelprobe), in Stücke schneiden und mit Staubzucker bestreuen.

Eierlikör kam im 17. Jahrhundert völlig ohne Eier aus. Europäische Eroberer entdeckten bei den Ureinwohnern Brasiliens ein Getränk namens „Abacate", welches aus Avocado, Rohrzucker und Rum bestand. Die heute bekannte Form des Eierlikörs entstand 1876 durch den Destillateur Eugen Verpoorten, der aus Mangel an Avocados diese durch Eier ersetzte.

Das Frühstück des Kaisers

Vorläufer des Gugelhupfs gab es schon in der Römerzeit,
wie Ausgrabungen in Carnuntum, einem Heereslager vor
Wien (im heutigen Bezirk Korneuburg/Niederösterreich),
belegen. Die damaligen Modelle der Gugelhupfform waren
aus Bronze oder Kupfer und zeigen kaum Abweichungen zu
der Form, die wir heute kennen. Der römische Gugelhupf
soll die rotierende Sonne dargestellt haben, so nehmen
Forscher an.

Die Gugelhupfformen verschwanden in den Wirren der
Völkerwanderungen und traten erst im 15. Jahrhundert
wieder in Erscheinung, wobei sie speziell in der Alpenregion rasche Verbreitung fanden. Lange Zeit gab es
kein Standardrezept für diesen Kuchen; je nach Region,
Anlass und finanziellen Mitteln bestand er aus einem
Germ-, Rühr- oder Biskuitteig, mal sehr einfach, mal
mit aufwendigen Zutaten verfeinert.

Eine wahre Renaissance
erlebte er im 18. Jahr-
hundert, speziell in der
Biedermeierzeit (1815-
1848). Von Wien aus be-
gann der Triumphzug durch
die Länder der k. u. k.
Monarchie. Sein wohl
bekanntester Liebhaber
war Kaiser Franz Josef I.
(1830-1916), welcher sich
den Gugelhupf zum Früh-
stück servieren ließ. So
etablierte er sich rasch
vom „Arme-Leute-Kuchen"
zur angesehenen Mehl-
speise, welche - fein
bezuckert - auf keinem
gutbürgerlichen Tisch
fehlen durfte.

Nussschnecken

Tipp: Die Füllung kann mit Rosinen und etwas Rum noch verfeinert werden.

Zutaten:

250 ml pflanzliche Milch

150 g geriebene Haselnüsse

50 g Zucker

1 EL geriebene Zitronenschale

60 g pflanzliche Butter

1 EL Vanillezucker

250 g Mehl

1 Packung Trockengerm

1. Für die Füllung die Hälfte der Milch erwärmen (nicht kochen), die Haselnüsse, 30 g Zucker sowie die geriebene Zitronenschale hinzugeben und anschließend kaltstellen.

2. Die Butter mit dem übrigen Zucker und dem Vanillezucker schaumig rühren.

3. Anschließend abwechselnd das Mehl und die restliche Milch unterrühren.

4. Den Germ hinzugeben, gut verkneten und den Teig eine Stunde lang rasten lassen.

5. Vor den weiteren Arbeitsschritten das Backrohr auf 180 Grad vorheizen.

6. Den Teig auf einer bemehlten Arbeitsfläche zu einem Rechteck ausrollen.

7. Anschließend mit der Füllung bestreichen und einrollen.

8. Die Rolle in fingerdicke Stücke schneiden und diese auf ein Backblech mit Backpapier legen.

9. Anschließend mit etwas Wasser bestreichen und ca. 30 Minuten lang backen.

Marillenknödel

Zutaten:

500 g mehlige Erdäpfel
200 g pflanzliche Butter
100 g griffiges Mehl
50 g Grieß
8 Marillen
8 Stück Würfelzucker
Abrieb einer halben
Zitrone
3 EL Zucker
Semmelbrösel
Staubzucker

1. Die Erdäpfel kochen, abschrecken, schälen und stampfen.

2. 150 g Butter in einem Topf
   zerlassen und zusammen mit
   dem Mehl und dem Grieß zu
   den Erdäpfeln geben, um alles
   miteinander zu einem glatt Teig
   zu verkneten.

3. Die Marillen entkernen und mit
   einem Stück Würfelzucker füllen.

4. Den Teig zu einer Rolle formen,
   in acht gleich große Stücke
   schneiden und diese zwischen den
   bemehlten Händen zu flachen
   Scheiben drücken.

5. Danach den Teig um die Marillen schlagen und
   Knödel formen.

6. Reichlich Wasser zusammen mit der geriebenen Zitronenschale sowie dem Zucker in einem Topf zum Kochen bringen.

7. Die Knödel ca. acht bis zehn Minuten lang in leicht
   wallendem Wasser ziehen lassen.

8. Die restliche Butter in einer Pfanne erhitzen, die Semmelbrösel anrösten und mit Staubzucker vermischen.

9. Die fertigen Knödel darin wälzen und heiß servieren.

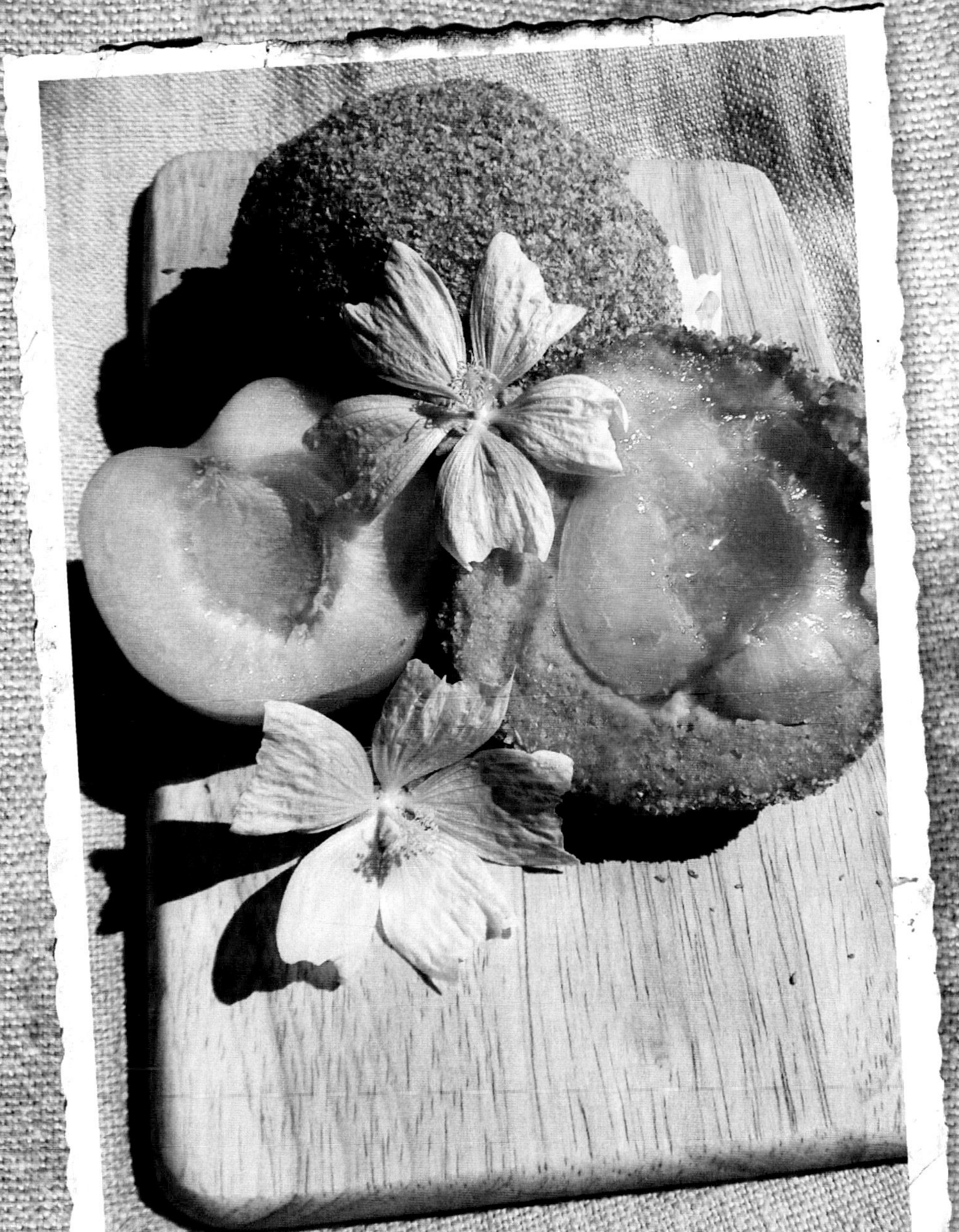

Mohnnudeln

1. Die Erdäpfel kochen, abschrecken, schälen und stampfen.
2. Die Hälfte der Butter in einem kleinen Topf zerlassen.
3. Anschließend nach und nach Mehl und Salz einrühren und zusammen mit den Erdäpfeln zu einem weichen, glatten Teig kneten.
4. Den Teig in kleine Stücke portionieren und daraus auf einer bemehlten Unterlage fingerdicke, ca. drei Zentimeter lange Nudeln formen.
5. Die Nudeln in siedendes Wasser geben und bei schwacher Hitze ca. zehn Minuten lang ziehen lassen.
6. Anschließend mit einer Schaumkelle herausheben und gut abtropfen lassen.
7. Die restliche Butter in einer Pfanne zerlassen, Zucker, Vanillezucker und Mohn hinzugeben.
8. Die Nudeln darin schwenken, ein bis zwei Minuten lang braten und heiß servieren.

Zutaten:

500 g mehlige Erdäpfel
50 g pflanzliche Butter
150 g Mehl
1 Prise Salz
4 EL Zucker
1 Packung Vanillezucker
100 g geriebener Mohn

Zwetschkenpofesen

1. In einem Topf reichlich Öl zum Ausbacken erhitzen.

2. Fünf der Toastscheiben großzügig mit Zwetschkenmarmelade bestreichen, jeweils mit einer leeren Toastscheibe bedecken und diagonal auseinanderschneiden.

3. Die Cuisine mit so viel Mehl anrühren, bis ein glatter Teig entsteht.

4. Die Toastdreiecke durch den Teig ziehen, bis diese vollständig bedeckt sind, und gleich im Anschluss im heißen Öl beidseitig goldbraun backen.

5. Die Pofesen vorsichtig herausnehmen, mit Küchenrolle abtupfen, mit Staubzucker bestreuen und heiß servieren.

Zutaten:

Öl
10 Scheiben Toastbrot
Zwetschkenmarmelade
125 ml pflanzliche Cuisine
Mehl
Staubzucker

Omas Apfelkuchen

Zutaten:

200 g pflanzliche Butter
200 g Zucker
1 Packung Vanillezucker
500 g Mehl
50 ml pflanzliche Milch
1 Packung Backpulver
1 kg Äpfel
100 g Rosinen
1 EL Zimt
Staubzucker

1. Die Butter mit dem Zucker und dem Vanillezucker schaumig rühren.

2. Anschließend abwechselnd das Mehl und die Milch unterrühren.

3. Das Backpulver hinzugeben, gut verkneten und den Teig bis zur weiteren Verarbeitung in einer Frischhaltefolie verpackt in den Kühlschrank legen.

4. Die Äpfel schälen, vierteln, entkernen und in feine Scheiben schneiden.

5. Den Zimt sowie die Rosinen zu den Äpfeln geben.

6. Vor den weiteren Arbeitsschritten das Backrohr auf 180 Grad vorheizen.

7. Ein Backblech mit Backpapier belegen, den Teig in zwei Stücke teilen und die erste Hälfte darauf ausrollen.

8. Seitlich einen Rand hochziehen und die Apfelfüllung gleichmäßig darauf verteilen.

9. Aus der zweiten Teighälfte auf einer bemehlten Fläche ein gleichgroßes Rechteck ausrollen und die Äpfel damit bedecken.

10. Die Ränder mit etwas Wasser zusammendrücken und gut verkleben.

11. Den Kuchen ins Backrohr geben und ca. 30 Minuten lang goldgelb backen.

12. Wenn er fertig ist, auskühlen lassen und mit Staubzucker bestreuen.

Zutaten:

125 ml Wasser
500 g Kletzen
50 g Rosinen
50 g Aranzini
200 g Dörrpflaumen
150 g Roggenmehl
100 g Weizenmehl
1 Packung Trockengerm
1 Messerspitze Zimt
1 Messerspitze
Nelkenpulver
2 EL Rum
70 g gehackte
Walnüsse, Haselnüsse
und Mandeln

Tipp: Man kann nach Belieben auch getrocknete Datteln oder Marillen verwenden. Das Kletzenbrot sieht besonders schön aus, wenn die Oberseite vor dem Backen mit geschälten Mandeln und Cocktailkirschen verziert wird.

Kletzenbrot

1. Das Wasser aufkochen, die Kletzen, die Rosinen, die Aranzini und die Dörrpflaumen kleinschneiden und in das Wasser einlegen.

2. Eine Stunde lang ziehen lassen, anschließend das Obst abseihen und den Sud auffangen.

3. Diesen mit dem Mehl, dem Germ sowie den Gewürzen und dem Rum zu einem Teig verkneten und an einem warmen Ort ca. eine Stunde rasten lassen.

4. Danach den Teig teilen und ca. 20 Prozent davon zur Seite legen.

5. Den Rest mit den eingeweichten Früchten sowie den Nüssen vermengen, daraus einen Laib formen und nochmals für ca. 20 Minuten gehen lassen.

6. Vor den weiteren Arbeitsschritten das Backrohr auf 180 Grad vorheizen.

7. Den beiseitegelegten Teig ausrollen und den Laib damit ummanteln.

8. Das Kletzenbrot mit Wasser bestreichen und ca. eine Stunde lang backen.

Das Fruchtbarkeitsbrot

Als „Kletzen" bezeichnet man Dörrbirnen, welche mit der
Schale getrocknet wurden. Das Wort „Kletze" stammt vom
mittelhochdeutschen „kloetzen", was „spalten" bedeutet,
da die Birnen früher zur Trocknung gespalten wurden.

Das Kletzenbrot ist ein traditionelles Weihnachtsge-
bäck, es war im Mittelalter unter dem Namen „piratura"
bekannt und galt als Fruchtbarkeitssymbol.

Bereits die Kelten mischten getrocknetes Obst unter
ihren Brotteig. Seine Süße erhielt das Brot von jeher
nur aufgrund der Trockenfrüchte, auf Honig oder Zucker
wurde verzichtet.

Die Zutaten, deren Qualität sowie vor allem ihre Menge
variierten aufgrund der Vermögenslage und waren auch
abhängig vom Zahlenaberglauben. So sollte in Wimsbach
(Bezirk Wels-Land/Oberösterreich) ein Kletzenbrot stets
aus neun Zutaten bestehen.

Viele Rituale sind mit dem Kletzenbrot verbunden und
werden speziell in den Raunächten und der Weihnachts-
zeit zelebriert. Die Bäckerinnen beispielsweise umarm-
ten nach dem Kneten des Teiges mit noch teigverklebten
Händen die Obstbäume. Dieses Fruchtbarkeitsritual
sollte für eine reiche Ernte sorgen.

Bis um 1900 war das Kletzenbrot in Teilen
des Innviertels (Oberösterreich)
übrigens das einzige
Geschenk, welches
man unter den
Christbaum
legen durfte.

Apfelstrudel

1. Das Mehl mit dem warmen Wasser sowie zwei EL Öl vermengen und gut durchkneten.

2. Den Teig zu einer Kugel formen, mit etwas Öl bestreichen, in Frischhaltefolie wickeln und mindestens 30 Minuten rasten lassen.

3. Die Äpfel schälen, vierteln, entkernen und in feine Scheiben schneiden.

4. Die Apfelscheiben in einer Schüssel mit zwei EL Zitronensaft, dem Abrieb der Schale sowie dem Zucker, dem Zimt und den Rosinen vermengen.

5. Vor den weiteren Arbeitsschritten das Backrohr auf 180 Grad vorheizen.

6. Den Strudelteig aus der Folie nehmen, nochmals durchkneten und auf einem großen, mit Mehl bestäubten Tuch zu einem Rechteck ausrollen.

7. Danach mit bemehlten Händen vorsichtig dünn ausziehen.

8. Die Apfelfüllung in die Mitte des Strudelteiges geben und der Länge nach gleichmäßig verteilen.

9. Anschließend die Seiten einschlagen und den Teig aufrollen.

10. Den Strudel mithilfe des Tuches mit der Naht nach unten auf ein mit Backpapier belegtes Backblech geben.

11. Mit Wasser bepinseln und ca. 20 Minuten lang goldgelb backen.

12. Wenn er fertig ist, etwas auskühlen lassen und mit Staubzucker bestreuen.

Zutaten:

250 g Mehl

125 ml warmes Wasser

Öl

1,5 kg feste, säuerliche Äpfel

1 Zitrone

5 EL Zucker

1 EL Zimt

100 g Rosinen

Staubzucker

Tipp: Die Füllung
kann auch mit einem
Schuss Rum und/oder
Mandelsplittern
verfeinert werden.

Scheiterhaufen

1. Die Rosinen am Vortag in Rum einlegen.

2. Das Backrohr auf 180 Grad vorheizen.

3. Das Toastbrot in Streifen schneiden, mit der Milch übergießen, den Zucker zugeben und gut vermengen.

4. Die Äpfel schälen, vierteln, entkernen und in feine Scheiben schneiden.

5. Den Agavendicksaft sowie den Zimt und die eingelegten Rosinen mit den Äpfeln vermischen.

6. Eine Auflaufform mit etwas Butter einfetten und die beiden Massen (beginnend mit dem Toast und abschließend mit den Äpfeln) abwechselnd schlichten.

7. Den Scheiterhaufen im Rohr ca. 20 Minuten lang backen und warm servieren.

Tipp:
Schmeckt sehr
gut mit
Vanillesoße!

Zutaten:

1 Handvoll Rosinen
50 ml Rum
250 g Toastbrot
500 ml pflanzliche Milch
70 g Zucker
500 g Äpfel
5 EL Agavendicksaft
1 EL Zimt
Pflanzliche Butter

Zwetschkenfleck mit Streuseln

Zutaten:

120 g pflanzliche Butter
220 ml pflanzliche Milch
600 g Mehl
1 Packung Trockengerm
130 g Zucker
150 g Marmelade
(Marille oder Zwetschke)
25 entkerne, halbierte
Zwetschken
Rum
40 g Rohmarzipan
50 g geriebene
Haselnüsse

1. Die Butter aus dem Kühlschrank nehmen und 50 g davon zusammen mit der Milch erwärmen. (Die restliche Butter nicht zurück in den Kühlschrank geben!)

2. Danach 500 g Mehl mit dem Germ, 80 g Zucker und der Flüssigkeit zu einem geschmeidigen Teig verkneten.

3. Diesen an einem warmen Ort ca. 30 Minuten lang rasten lassen.

4. Vor den weiteren Arbeitsschritten das Backrohr auf 180 Grad vorheizen.

5. Den Teig nochmals durchkneten und mit einem Nudelholz ca. fingerdick ausrollen.

6. Anschließend auf ein mit Backpapier belegtes Backblech geben und mit der Marmelade bestreichen.

7. Die Zwetschken mit der Schnittseite nach oben dich an dicht in den Teig drücken und mit etwas Rum beträufeln.

8. Nun das restliche Mehl, den übrigen Zucker sowie die inzwischen zimmerwarme restliche Butter mit dem Marzipan und den Haselnüssen verkneten, bis sich kleine Streusel bilden.

9. Diese über den Kuchen verteilen und ca. 30 Minuten lang backen.

Tipp: Streusel lassen sich sehr gut einfrieren und wiederverwenden.

Warum vegan?

Der Veganismus bezeichnet nicht nur eine Ernährungsform, welche gänzlich auf tierische Produkte verzichtet, sondern lehnt auch in anderen Bereichen (Kleidung, Textilien, Kosmetik- und Hygieneartikel, Freizeitbeschäftigung etc.) jegliche Form der Tierausbeutung ab.

Ethik

Warum kein/-e ...

... Fleisch:

58 Milliarden Tiere werden jährlich (!) für Fleisch und andere tierische Produkte getötet. Es handelt sich um hoch entwickelte Lebewesen mit ausgeprägtem Sozialverhalten, Lebenswillen und Schmerzempfinden. Das Tierleid, welches durch die unwürdige Gefangenschaft, Misshandlung (Kastration, Zahnziehen, Ausbrennen der Hörner ohne Betäubung etc.) und gewaltsame Tötung entsteht, ist von unvorstellbarem Ausmaß.

Jedes Wesen hat ein Grundrecht auf Leben, Unversehrtheit und Freiheit.

... Fisch und Meeresfrüchte:

Wissenschaftliche Studien beweisen bereits seit den 70er-Jahren, dass auch diese Lebewesen auf schädigende Reize stark reagieren, unangenehme Einflüsse vermeiden und alle Kriterien für Schmerzempfinden erfüllen. 1984 entdeckte der holländische Physiologe Verheijen, dass Fische zudem auch zu ganz bewussten Wahrnehmungen wie Angst und Stress fähig sind. Nervenzellen im Vorderhirn sind - ähnlich wie die Neuronen in der Großhirnrinde beim Säugetier - dafür zuständig.

Die Leerfischung der Weltmeere ist ein weiteres Argument gegen den Konsum von Fisch und Meeresfrüchten.

... Eier:

Da männliche Küken für die Produktion von Eiern nicht relevant sind, werden Sie am Tag ihrer Geburt vergast oder zerhäckselt. Lässt die Legeleistung der Hennen nach, werden auch sie getötet. Selbst die vermeintlich glücklichen Biohühner haben kaum eine höhere Lebenserwartung als ein bis zwei Jahre.

... Milch:

Milch ist das wohl unnatürlichste aller Nahrungsmittel. Kein anderes Lebewesen trinkt über das Säuglingsalter hinaus Milch, schon gar nicht die einer anderen Spezies. Während der Großteil der männlichen Kälber bereits nach den ersten Lebenswochen den Weg zum Schlachter antreten muss, erwarten die moderne Milchkuh von heute ein enger Stall, beißender Ammoniakgeruch, ständige Euterentzündungen, wiederholte künstliche Befruchtung sowie der grausame Trennungsschmerz nach der Geburt ihrer Kälber. Diese werden in der Regel nämlich umgehend von ihren Müttern separiert und in kleine, von der Europäischen Union genormte Kälberboxen gesperrt. Anstatt der für sie vorgesehenen Muttermilch bekommen sie lediglich chemische Ersatznahrung.

Die natürliche Lebenserwartung einer Kuh liegt zwischen 20 und 25 Jahren – ein Alter, das die moderne Milchkuh nicht erreicht, sie wird bereits zwischen dem vierten und siebten Lebensjahr, wenn die Milchleistung nachlässt, geschlachtet.

... Schafwolle:

Der Großteil der in Europa verfügbaren Wolle stammt aus Australien. Tausende geschorene Lämmer erfrieren dort jährlich aufgrund der extremen Witterungsbedingungen. Der Tod durch Verhungern oder Verdursten sowie Hitzeschläge stehen ebenso an der Tagesordnung, da die meisten Tiere halbwild auf riesigen Flächen leben.

Auch bei der Schur verenden viele Tiere aufgrund von Verletzungen – entweder sofort durch den Blutverlust oder in späterer Folge an Entzündungen.

Schlachtreife Tiere werden zu Tausenden unter unvorstellbaren Bedingungen in arabische Länder geschifft, um dort geschächtet zu werden.

... Leder:

Leder schlägt mit beachtlichen zehn Prozent des Gewinnes der Fleischindustrie zu Buche. Somit handelt es sich keineswegs um ein reines Abfallprodukt. Auch die ökologischen Folgen der Verunreinigung des Wassers durch Chrom, welches zum Gerben verwendet wird, sind bekannt.

... Seide:

Seidenraupen werden in Massen gezüchtet. Um an die Seide, welche für die Kokonbildung gesponnen wird, zu gelangen, werden die Raupen samt Kokon in kochendes Wasser geworfen.

... Daunen:

Rund fünf Mal in ihrem Leben werden die Tiere bei lebendigem Leib gerupft und anschließend verletzt und ohne Wärmeschutz wieder ausgesetzt. Danach werden sie geschlachtet.

... Honig:

Auch für die Zweckentfremdung von Honig werden ganze Bienenvölker, welche als zu schwach angesehen werden, ausgeschwefelt. Bei der Entnahme der Waben, dem Schleudern etc. werden ebenfalls Bienen verletzt und getötet.

Umwelt

Die Erzeugung tierischer Produkte hängt unmittelbar mit
der Rodung des Regenwaldes sowie der Verschmutzung und
Überdüngung unserer Gewässer zusammen. Die Verdichtung
des Bodens, die daraus folgende Bodenerosion und die
Verschwendung wertvollen Wassers sind weitere negative
Aspekte. Außerdem trägt die Entstehung von Methan durch
die Fäkalien der Nutztiere um 40 Prozent mehr zum
Klimawandel bei als die Abgase aller Autos, LKWs und
Flugzeuge weltweit.

Welthunger

50 Prozent der Weltgetreideernte sowie 90 Prozent
der Weltsojaernte werden als Futter für Nutztiere in
Massentierhaltung verwendet. Gleichzeitig hat eine
Milliarde Menschen zu wenig zu essen und 40.000 Kinder
sterben jährlich an Hunger.

„Mitleid unangebracht: Vegan leben in Österreich"

Wie lebt es sich als Veganer in der rot-weiß-roten Alpenrepublik?

Seinen Werten treu zu bleiben und dennoch am gesellschaftlichen Leben teilzunehmen, das erweist sich im Alltag oft als moralischer Spagat.

Ein Spagat zwischen Schweinebraten und Ethik, Lederhose und Gewissen.

Der Gesamterlös des Buches kommt dem Verein www.respektiere.at zugute.

ISBN: 9783842445796

„Schnelle vegane Küche – sojafrei und einfach"

Sie haben genug von Nudeln mit der immer selben Tomatensoße? Eintöniger Blattsalat ist Ihnen zu wenig und sogar die vegane Currywurst reißt Sie schon lange nicht mehr vom Hocker?

Daniela Friedl zeigt, dass die schnelle vegane Küche, selbst ohne Soja- und Fleischersatzprodukte, weit mehr zu bieten hat. In ihrer kleinen, aber feinen Rezeptsammlung finden sich überlieferte, „veganisierte" Familienrezepte ebenso wie ideenreiche Eigenkreationen.

Die Rezepte nehmen maximal 30 Minuten Ihrer Zeit in Anspruch und können ohne besondere Vorkenntnisse zubereitet werden.

Lassen Sie Ihre Küche von Abwechslung, Fantasie und Frische erobern!

ISBN: 9783848200511

Danksagung

Ich danke meiner wunderbaren Oma Maria für die
Inspiration, die Unterstützung und die vielen guten
Ratschläge – nicht nur was das Kochen anbelangt.

Ein großes Dankeschön aus tiefstem Herzen an meine
Freundin Manuela, die mir ihr wunderschönes Haus als
„Fotostudio" zur Verfügung gestellt hat, und ihre Tochter
Nadja – mein kleines, tolles Fotomodell!

Danke Diana, für das Lektorat, für viele Stunden
intensiver Arbeit und das ausdauernde Engagement.
Danke an Christina, die
mit einer großen Portion
Herzblut und Liebe zum
Detail meine Layout- und
Designvorstellungen
professionell umgesetzt hat.

Ich danke auch meiner
Familie, meinen Freunden
und allen, die immer an
mich und meine Bücher
geglaubt haben!

Daniela